Inhalt

Integrated Reporting - Rechnungslegung der Zukunft?

Kernthesen

Beitrag

Fallbeispiele

Weiterführende Literatur

Impressum

Integrated Reporting - Rechnungslegung der Zukunft?

Annett Kaindl

Kernthesen

- Integrated Reporting steht für eine grundsätzliche Erneuerung der Unternehmensberichterstattung.
- Unter Integrated Reporting ist ein Konzept der kombinierten Berichterstattung von finanziellen und nicht-finanziellen Informationen zu verstehen.
- Integrated Reporting wird bereits von einigen Unternehmen praktiziert, trotzdem steht die integrierte Berichterstattung erst am Anfang ihrer Entwicklung.
- Eine Verbreitung des Konzepts würde den Abschlussprüfungsprozess erweitern.

Beitrag

Ziel und Zweck des Integrated Reporting

Das Konzept des Integrated Reporting (IR) sieht eine Darstellung der Interdependenzen von finanziellen und nicht-finanziellen Leistungsindikatoren vor und verspricht sowohl für die berichterstattenden Unternehmen als auch für die Adressaten einen erhöhten Informationsnutzen der Berichterstattung.

Bei näherer Betrachtung zeigt sich allerdings, dass der Begriff IR bisher unterschiedlich gebraucht und interpretiert wird. Es herrscht aber Einigkeit darüber, dass es sich beim IR um das Konzept einer kombinierten Berichterstattung von finanziellen und auf den Nachhaltigkeitsaspekt bezogenen nicht-finanziellen Unternehmensdaten handelt. Ziel dieses Konzepts ist es, die Anzahl der von den Unternehmen zu veröffentlichenden Berichte zu reduzieren und die Unternehmenspublizität für Investoren und andere Stakeholder zu vereinheitlichen. Die Umsetzung des IR führt im Idealfall somit zu einer effizienteren Unternehmensberichterstattung.

Das Spektrum an integrierten Berichten reicht von einer webbasierten Erweiterung des

Geschäftsberichts über einen kombinierten Geschäfts- und Nachhaltigkeitsbericht bis hin zu einem kurzen und prägnanten Bericht mit den Schwerpunkten Strategie, Geschäftsmodell und Stakeholder. Die Vielfalt der Berichtsformen spiegelt sich auch in unterschiedlichen inhaltlichen Schwerpunkten wider. (1), (4)

IIRC veröffentlicht Entwurf eines Rahmenkonzepts

Die große Unterschiedlichkeit der bisher veröffentlichten integrierten Berichte zeigt, wie wichtig die Schaffung eines einheitlichen Verständnisses von integrierter Berichterstattung ist.

Das International Integrated Reporting Council (IIRC), eine Initiative von internationalen Unternehmen, Investoren- und Analystenvertretern, Rechnungslegungs-Standardsetzern wie dem International Accounting Standards Board (IASB), Nichtregierungsorganisationen, Wirtschaftsprüfungsgesellschaften sowie Vertretern aus dem öffentlichen Bereich, hat im April 2013 seinen Entwurf für ein Rahmenwerk zur integrierten Berichterstattung der Unternehmen vorgelegt.

Mit diesem Rahmenwerk wird das Ziel verfolgt, eine konzeptionelle Basis für die Darstellung des

Zusammenhangs zwischen den wesentlichen Parametern der Leistungsbereiche Ökonomie, Ökologie sowie Soziales in einem Berichtsinstrument zu schaffen.

Unternehmen haben in einem integrierten Bericht darzustellen, wie sie kurz-, mittel- und langfristig Werte schaffen. Das IIRC legt dabei erstmalig konkrete Anforderungen an die Berichtsinhalte und anzuwendenden Berichtsprinzipien fest. Nur wenn diese erfüllt sind, darf zukünftig noch von einem integrierten Bericht im Sinne des IIRC gesprochen werden. Große Vorteile verspricht der vom IIRC gewählte prinzipienbasierte Ansatz, der Unternehmen den erforderlichen Freiraum für eine individuelle Berichterstattung lässt.

Das IIRC hat sich in den letzten Jahren erfolgreich positioniert und genießt breite, auch politische Unterstützung. Dies zeigt sich unter anderem in den Kooperationen, die das IIRC mit international anerkannten Institutionen wie dem IASB, dem Standardsetzer für internationale Rechnungslegungsvorschriften, sowie der Global Reporting Initiative (GRI), dem derzeit führenden Standardsetzer im Bereich Nachhaltigkeit, geschlossen hat. Die EU-Kommission verfolgt mit großem Interesse die Arbeit des IIRC, insbesondere die Entwicklung des Konzepts zur integrierten Berichterstattung. (1), (2), (4)

Das Konzept des Integrated Reporting

IR umfasst den Prozess des Zusammenführens von finanziellen, ökologischen und sozialen sowie die Unternehmensführung betreffenden Informationen in einem klaren, konsistenten und vergleichbaren Format. Ziel ist, das Geschäftsmodell im Kontext des Unternehmensumfelds und die Wechselwirkungen der wesentlichen Einflussparameter sowie die kurz-, mittel- und langfristigen Wertbeiträge zu erfassen und an alle Stakeholder zu kommunizieren.

Im Unterschied zur bisher vorherrschenden Unternehmensberichterstattung, bei der die einzelnen Berichtsthemen weitgehend isoliert behandelt werden, ist im integrierten Bericht inhaltlich zusammenhängend zu berichten. So sind die gewählte Strategie, das Geschäftsmodell sowie die daraus resultierenden Chancen und Risiken ebenso wie finanzielle und nichtfinanzielle Leistungsindikatoren verknüpft darzustellen. Eine integrierte Berichterstattung kann nicht unabhängig von einer entsprechend integrierten Unternehmensführung und Unternehmenssteuerung erfolgen und ist somit letztlich weit mehr als nur eine Form der Berichterstattung.

Allerdings kann das IR andere Berichte wie Jahres-

beziehungsweise Konzernabschüsse, Nachhaltigkeitsberichte oder Corporate-Governance-Berichte nicht vollständig ersetzen. Seine Aufgabe liegt vielmehr in der komprimierten und verknüpften Darstellung der wesentlichen Faktoren. (1), (3), (4)

Für wen wird der integrierte Bericht erstellt?

Hauptadressaten des integrierten Berichts sind nach dem Entwurf des Rahmenkonzepts langfristig orientierte Investoren, das heißt Eigen- und Fremdkapitalgeber. Das IIRC geht davon aus, dass die Informationsinteressen aller anderen Stakeholder weitgehend jenen der Kapitalgeber entsprechen. (1), (4)

Erweiterung des Lageberichts

Als kurzfristige Möglichkeit der Einführung des IR-Konzepts in den bestehenden Rahmen der Unternehmensberichterstattung erwähnt das IIRC unter anderem die Erweiterung des Lageberichts um Inhalte des IR. Ein solches Vorgehen ist aufgrund der gesetzlichen Vorschriften zur Lageberichterstattung in Deutschland weitgehend möglich.

Die Idee einer inhaltlich verknüpften Unternehmensberichterstattung ist auch der in Deutschland gesetzlich vorgeschriebenen Lageberichterstattung nicht fremd. Der von den Unternehmen aufzustellende Lagebericht muss gemäß Handelsgesetzbuch eine Lagebeschreibung unter Einbeziehung von bedeutsamen nicht-finanziellen Leistungsindikatoren sowie die Chancen und Risiken der voraussichtlichen Entwicklung enthalten.

Dies gilt umso mehr für Konzernlageberichte, bei deren Erstellung künftig der Deutsche Rechnungslegungs Standard Nr. 20 anzuwenden ist. Dieser erlaubt, dass sich im Hinblick auf eine nachhaltige Unternehmensberichterstattung auf ein allgemein anerkanntes Rahmenkonzept gestützt werden kann, wozu auch das Rahmenkonzept des IIRC zählt. Damit steht der Nutzung des Konzernlageberichts beim Übergang zu einer vollständig integrierten Unternehmensberichterstattung grundsätzlich nichts im Wege.

Es muss keine Erweiterung des Lageberichts stattfinden. Es ist auch möglich, einen eigenständigen integrierten Bericht zu verfassen. (1), (3), (4)

Auswirkungen des Integrated Reporting auf die Abschlussprüfung

Erste deutsche Unternehmen integrieren ihre freiwillige Nachhaltigkeitsberichterstattung in den gesetzlich vorgeschriebenen Konzernlagebericht und erfüllen damit zugleich die Pflicht, die für ihre Geschäftstätigkeit bedeutsamen nicht-finanziellen Leistungsindikatoren zu analysieren. An die Prüfung dieser nicht-finanziellen Berichterstattung sollten grundsätzlich dieselben Anforderungen gestellt werden wie in Bezug auf die finanziellen Leistungsindikatoren.

Die Berichtsadressaten erwarten gegebenenfalls auch für den integrierten Bericht eine Bescheinigung des Abschlussprüfers. Bis zur Veröffentlichung des Rahmenkonzepts des IIRC war IR nicht klar definiert, deshalb kann es dazu noch keinen Prüfungsstandard geben. Die bisher vorgelegten integrierten Berichte weisen keine integrierte Prüfungsbescheinigung auf, sondern verweisen auf die mit unterschiedlichem Sicherheitsgrad erteilten Bestätigungsvermerke zum Konzernabschluss und -lagebericht sowie zum Nachhaltigkeitsbericht. Naheliegend ist, für den integrierten Bericht eine eigenständige, integrierte Bescheinigung zu erteilen, aus der deutlich hervorgeht, welche Teile mit welchem Sicherheitsgrad nach welchen Standards geprüft sind. Bei der Prüfung würde es sich dann, unbeschadet der weiterhin erforderlichen Konzernabschlussprüfung, um eine integrierte Prüfung handeln. (4)

Trends

Die Veröffentlichung des endgültigen Rahmenkonzepts ist für Dezember 2013 vorgesehen. Mit der geplanten Veröffentlichung steht das Konzept des IR erstmals vor einer institutionellen Konkretisierung, was dessen künftige Verbreitung mit hoher Wahrscheinlichkeit erhöhen wird. Die integrierte Berichterstattung steht zwar noch am Anfang, aber es ist bereits absehbar, dass Investoren und andere Stakeholder dem IR einen großen Stellenwert beimessen werden. (2), (4)

Fallbeispiele

Während der Entwicklungsarbeiten am Rahmenwerk für eine integrierte Berichterstattung hat das IIRC ein Pilotprojekt ins Leben gerufen, dessen Aufgabe es war, die Praktikabilität und Anwendbarkeit der integrierten Berichterstattung in der Praxis zu testen. In diesem Pilotprogramm mit mehr als 85

Unternehmen und 30 Investoren hat das IR seine Leistungsfähigkeit bereits unter Beweis gestellt: Beispielsweise befanden 95 Prozent der teilnehmenden Unternehmen, dass IR ein besseres Verständnis des eigenen Geschäftsmodells liefert, 93 Prozent sagten, dass das Silo-Denken innerhalb der Firma aufgebrochen wurde und IR die Aufmerksamkeit der Entscheidungsträger im Unternehmen gezielter auf jene Faktoren lenkt, die die zentralen Erfolgsindikatoren des Unternehmens sein sollten (95 Prozent). (2)

Die Einführung des integrierten Berichts hat im Falle des Chemieunternehmens BASF zu einer Optimierung der internen Abläufe der Berichterstattung geführt. Als Unternehmen der chemischen Industrie kommt BASF eine besondere Verantwortung in den Bereichen Energie und Klimaschutz zu, die sich auch innerhalb des integrierten Berichts widerspiegelt. BASF berichtet ausführlich über die Strategie, die Ziele und Maßnahmen zur Energieeffizienz und zur Reduzierung des Treibhausgases. In der veröffentlichten CO_2-Bilanz werden alle Treibhausgasemissionen entlang der Wertschöpfungskette - vom Rohstoff bis zur Entsorgung - angegeben und gleichzeitig die Emissionen aufgezeigt, die durch Nutzung von BASF-Produkten für den Klimaschutz vermieden werden.

(4)

Weiterführende Literatur

(1) Ein Etikett bekommt einen Inhalt
aus Frankfurter Allgemeine Zeitung, 29.04.2013, Nr. 99, S. 18

(2) IIRC-Entwurf für Integrated Reporting ermöglicht Mitwirkung an der Rechnungslegung der Zukunft
aus ddp direct Pressemitteilung vom 19.04.2013, 15:00:04

(3) Die Lageberichterstattung deutscher Unternehmen im Lichte des "Integrated Reporting" Erste empirische Erkenntnisse
aus Kapitalmarktorientierte Rechnungslegung, Heft 5 vom 2.5.2013, Seite 243 -

(4) Integrated Reporting - Herausforderungen für die Finanzberichterstattung
aus Betriebs Berater Heft 15/2013 Seite 875

Impressum

Integrated Reporting - Rechnungslegung der Zukunft?

Bibliografische Information der deutschen Nationalbibliothek

Die Deutsche Nationalbibliothek verzeichnet diese Publikation in der deutschen Nationalbibliografie; detaillierte bibliografische Daten sind im Internet über http://dnb.d-nb.de abrufbar.

ISBN: 978-3-7379-1426-0

© 2015 GBI-Genios Deutsche Wirtschaftsdatenbank GmbH, Freischützstraße 96, 81927 München, www.genios.de

Alle Rechte vorbehalten. Dieses Werk ist einschließlich aller seiner Teile – z.B. Texte, Tabellen und Grafiken - urheberrechtlich geschützt. Jede Verwertung außerhalb der Grenzen des Urheberrechtsgesetzes bedarf der vorherigen Zustimmung des Verlags. Dies gilt insbesondere auch für auszugsweise Nachdrucke, fotomechanische Vervielfältigungen (Fotokopie/Mikroskopie), Übersetzungen, Auswertungen durch Datenbanken oder ähnliche Einrichtungen und die Einspeicherung und Verarbeitung in elektronischen Systemen.